FULL SCORE

WSJ-18-005
＜吹奏楽J-POP楽譜＞

マエヲムケ

Victor Sagfors、Koudai Iwatsubo　作曲
宮川成治　編曲

楽器編成表		
木管楽器	金管・弦楽器	打楽器・その他
Piccolo	B♭ Trumpet 1	Drums (Normal)
Flutes 1 (& *2)	B♭ Trumpet 2	Drums (Easy)　※パート譜のみ
*Oboe	*B♭ Trumpet 3	*Timpani
*Bassoon	F Horns 1 (& *2)	Percussion 1
*E♭ Clarinet	F Horns 3 (& *4)	…Sus.Cymbal,Guiro
B♭ Clarinet 1	Trombone 1	*Percussion 2
B♭ Clarinet 2	Trombone 2	…Conga
*B♭ Clarinet 3	*Trombone 3	Percussion 3
*Alto Clarinet	Euphonium	…Xylophone,Glockenspiel
Bass Clarinet	Tuba	
Alto Saxophone 1	Electric Bass	
*Alto Saxophone 2	(String Bass) ※パート譜のみ	Full Score
Tenor Saxophone		
Baritone Saxophone		

＊イタリック表記の楽譜はオプション

マエヲムケ

◆曲目解説◆

　大人気アイドルグループ、Hey! Say! JUMPが歌う楽曲です。メンバーである山田涼介主演の日本テレビ系土曜ドラマ「もみ消して冬」の主題歌。失敗しても何度でも立ち上がる強さを歌った、ポジティブな応援ソングに仕上がっています。アップテンポでノリの良い楽曲が、吹奏楽の明るいサウンドに見事にマッチ！ダンスなどの演出を加えてカッコよく演奏してみてください♪

◆宮川成治　プロフィール◆

　1972年、神奈川県三浦市生まれ。高校時代に吹奏楽と出会い、音楽人生が始まる。当時は打楽器を担当していた。作編曲は独学で、初めて編曲じみた事をしたのは高校3年生の頃だったように記憶している。その後、一般の大学に進むも音楽の楽しさが忘れられず、学生バンドの指導を始め今に至る。
　作曲よりも現場のニーズに合わせた編曲をする事が多く、叩き上げで今の技術と知識を身に付けた。現在は学生バンドを指導する傍ら、地域の吹奏楽団・ビッグバンド等で演奏活動を続け、作品を提供している。主な吹奏楽作品に『BRISA LATINA』、『CELEBRATION』、『STAR of LIFE』、『Angels Ladder』、編曲作品多数。第12回「21世紀の吹奏楽"響宴"」入選、出品。

ご注文について

ウィンズスコアの商品は全国の楽器店、ならびに書店にてお求めになれますが、店頭でのご購入が困難な場合、当社PC&モバイルサイト・FAX・電話からのご注文で、直接ご購入が可能です。

◎当社PCサイトでのご注文方法

http://www.winds-score.com
上記のURLへアクセスし、WEBショップにてご注文ください。

◎FAXでのご注文方法

FAX.03-6809-0594
24時間、ご注文を承ります。当社サイトよりFAXご注文用紙をダウンロードし、印刷、ご記入の上ご送信ください。

◎電話でのご注文方法

TEL.0120-713-771
営業時間内にお電話いただければ、電話にてご注文を承ります。

◎モバイルサイトでのご注文方法

右のQRコードを読み取ってアクセスいただくか、URLを直接ご入力ください。

※この出版物の全部または一部を権利者に無断で複製(コピー)することは、著作権の侵害にあたり、著作権法により罰せられます。

※造本には十分注意しておりますが、万一落丁乱丁などの不良品がありましたらお取替え致します。また、ご意見ご感想もホームページより受け付けておりますので、お気軽にお問い合わせください。

Bassoon

ドラマ「もみ消して冬」主題歌
マエヲムケ

Victor Sagfors / Koudai Iwatsubo　作曲
宮川成治　編曲

E♭ Clarinet

ドラマ「もみ消して冬」主題歌
マエヲムケ

Victor Sagfors / Koudai Iwatsubo 作曲
宮川成治 編曲

Alto Clarinet

ドラマ「もみ消して冬」主題歌
マエヲムケ

Victor Sagfors/Koudai Iwatsubo 作曲
宮川成治 編曲

Bass Clarinet

ドラマ「もみ消して冬」主題歌
マエヲムケ

Victor Sagfors / Koudai Iwatsubo 作曲
宮川成治 編曲

マエヲムケ

Alto Saxophone 2

ドラマ「もみ消して冬」主題歌

Victor Sagfors / Koudai Iwatsubo 作曲
宮川成治 編曲

Tenor Saxophone

ドラマ「もみ消して冬」主題歌
マエヲムケ

Victor Sagfors / Koudai Iwatsubo 作曲
宮川成治 編曲

マエヲムケ

Baritone Saxophone

ドラマ「もみ消して冬」主題歌

Victor Sagfors/Koudai Iwatsubo 作曲
宮川成治 編曲

B♭ Trumpet 1

ドラマ「もみ消して冬」主題歌
マエヲムケ

Victor Sagfors / Koudai Iwatsubo 作曲
宮川成治 編曲

B♭ Trumpet 2

ドラマ「もみ消して冬」主題歌
マエヲムケ

Victor Sagfors / Koudai Iwatsubo 作曲
宮川成治 編曲

B♭ Trumpet 3

ドラマ「もみ消して冬」主題歌
マエヲムケ

Victor Sagfors / Koudai Iwatsubo 作曲
宮川成治 編曲

F Horns 1&2

ドラマ「もみ消して冬」主題歌
マエヲムケ

Victor Sagfors / Koudai Iwatsubo 作曲
宮川成治 編曲

F Horns 3&4

ドラマ「もみ消して冬」主題歌
マエヲムケ

Victor Sagfors/Koudai Iwatsubo 作曲
宮川成治 編曲

Trombone 1

ドラマ「もみ消して冬」主題歌
マエヲムケ

Victor Sagfors / Koudai Iwatsubo 作曲
宮川成治 編曲

Trombone 2

ドラマ「もみ消して冬」主題歌
マエヲムケ

Victor Sagfors/Koudai Iwatsubo 作曲
宮川成治 編曲

Trombone 3

ドラマ「もみ消して冬」主題歌
マエヲムケ

Victor Sagfors/Koudai Iwatsubo 作曲
宮川成治 編曲

Tuba

ドラマ「もみ消して冬」主題歌
マエヲムケ

Victor Sagfors/Koudai Iwatsubo 作曲
宮川成治 編曲

Electric Bass

ドラマ「もみ消して冬」主題歌
マエヲムケ

Victor Sagfors/Koudai Iwatsubo 作曲
宮川成治 編曲

String Bass

マエヲムケ

ドラマ「もみ消して冬」主題歌

Victor Sagfors / Koudai Iwatsubo 作曲
宮川成治 編曲

Timpani

ドラマ「もみ消して冬」主題歌
マエヲムケ

Victor Sagfors/Koudai Iwatsubo 作曲
宮川成治 編曲

Percussion 1

Sus.Cymbal, Guiro

ドラマ「もみ消して冬」主題歌
マエヲムケ

Victor Sagfors / Koudai Iwatsubo 作曲
宮川成治 編曲

Percussion 3
Xylophone, Glockenspiel

ドラマ「もみ消して冬」主題歌
マエヲムケ

Victor Sagfors/Koudai Iwatsubo 作曲
宮川成治 編曲